D1021809

52 cosas que puedes hacer para elevar tu Autoestima

Si este libro le ha interesado y desea que lo mantengamos informado de nuestras publicaciones, escríbanos indicándonos qué temas son de su interés (Astrología, Autoayuda, Naturismo, Nuevas terapias, Espiritualidad, Tradición, Qigong, PNL, Psicología práctica, Tarot...) y gustosamente lo complaceremos.

Puede contactar con nosotros en
comunicacion@editorialsirio.com

7ª edición: noviembre 2009

Título original: 52 Things You Can Do To Raise Your Self-Esteem
Traducido del inglés por Joaquín Negrón Sánchez
Diseño de portada: Editorial Sirio, S.A.

EDITORIAL SIRIO, S.A.
C/ Panaderos, 14
29005-Málaga
España

EDITORIAL SIRIO
Nirvana Libros S.A. de C.V.
Camino a Minas, 501
Bodega nº 8 , Col. Arvide
Del.: Alvaro Obregón
México D.F., 01280

ED. SIRIO ARGENTINA
C/ Paracas 59
1275- Capital Federal
Buenos Aires
(Argentina)

www.editorialsirio.com
E-Mail: sirio@editorialsirio.com

I.S.B.N.: 978-84-7808-679-5
Depósito Legal: MA-3.239-09

Impreso en Imagraf

Printed in Spain

Jerry Minchinton

52 cosas que puedes hacer para elevar tu Autoestima

Del mismo autor:
MÁXIMA AUTOESTIMA:
Guía para recobrar el concepto
de tu valía como persona

ADVERTENCIA: Si deseas mejorar tu autoestima sin necesidad de recurrir a asesoramiento psicológico, terapia u otro tipo de asistencia externa, este libro puede servirte de ayuda. Ahora bien, si padeces un grave trastorno emocional o psicológico, te recomiendo encarecidamente que te pongas en manos de un experto para resolverlo. Este libro no pretende en modo alguno ser una alternativa o un sustituto de la asistencia profesional o la psicoterapia.

Agradecimientos

Muchas han sido las influencias positivas que he recibido a lo largo de los años y que se han visto plasmadas en este libro. De entre todas ellas, cabe destacar los estudios del psicólogo Albert Ellis y las corrientes filosóficas y escuelas de pensamiento que propugnan una visión del mundo basada en un enfoque realista.

De un modo más directo, he tenido la suerte de contar con la inestimable ayuda de tres personas que me han brindado su apoyo y su ánimo constantes, y a quienes me honro también en considerar mis amigos. Clif Bradley, mi socio desde hace muchos años, leyó, releyó y comentó mis borradores con una paciencia infinita. Stacy Gilbert tuvo la generosidad de poner su inteligencia y su perspicacia a mi disposición, así como sus vastos conocimientos de cultura contemporánea. Por último, quisiera darle las gracias a Jean Names, quien, además de ser toda una fuente de sabiduría y de apoyo, posee la asombrosa facultad de ver en uno más de lo que uno mismo puede alcanzar a ver. Gracias a todos ellos por obsequiarme con su maravillosa amistad.

Acerca de la autoestima

Por decirlo de un modo sencillo, gozar de una buena autoestima significa estar contento con uno mismo y creer que uno merece disfrutar de las cosas buenas que le ofrece la vida al igual que cualquier otro. Dado que la cuestión es un tanto más compleja de lo que abarca esta definición, invito a los lectores que deseen profundizar más en el tema a que lean mi libro *Máxima autoestima: Guía para recobrar el concepto de tu valía como persona.*

¿Es importante la autoestima? Más que eso, es vital; ejerce una gran influencia en casi todos los aspectos de tu vida. Esto incluye tus relaciones con los demás, tu grado de confianza en ti mismo, tu orientación profesional, tu felicidad, tu paz interior e incluso los éxitos que puedas llegar a cosechar.

¿Qué factores determinan una pérdida de autoestima? En nuestro período de crecimiento, todos nosotros hemos pasado por experiencias desagradables que nos han hecho pensar mal de nosotros mismos. Pero para algunos han sido tantas o tan intensas que hemos acabado por desarrollar tres creencias básicas que están arraigadas en mayor o menor grado en la mayoría de nosotros: *Primero*, que somos unas víctimas indefensas con poco o nada que decir ante lo que sucede en nuestras vidas. *Segundo*, que somos unos desastres y no estamos a la altura de los demás. *Tercero*, que hay por naturaleza algo «malo» en nosotros.

El proceso para recuperar una buena autoestima no tiene nada de misterioso. Más que ninguna otra cosa, se trata fundamentalmente de modificar la opinión que tienes de ti mismo.

Para lograrlo, has de aprender a contrarrestar el efecto de tus falsas creencias arraigadas haciendo hincapié en el control de tu vida, en tus capacidades y en el concepto natural, innato, de tu valía como persona.

¿Qué recibirás a cambio de tus esfuerzos si le dedicas algo de tiempo a mejorar tu autoestima? Pues bien, ¿qué te parece una mayor seguridad en ti mismo, unas relaciones sociales más satisfactorias o el hecho de poder reconciliarte con la vida? Y esto es sólo el principio. La más valiosa recompensa que recibirás será una imagen renovada de ti, porque la persona en la que te convertirás será una versión infinitamente «mejorada» y más feliz de ti mismo.

Cómo usar este libro

Hay muchas formas de abordar las ideas presentadas en este libro. Puedes comenzar por el principio e irlas poniendo en práctica una a una, puedes hacer una por semana durante un año, escoger una al azar para que te sirva de «pensamiento del día», buscar un capítulo concreto que responda a un determinado tipo de situación, o seguir cualquier otro método que se te ocurra. En caso de que hayas elegido la búsqueda por títulos, puedes hacerlo a través del «Índice de epígrafes». Como cada una de las partes es independiente del resto, no hay razón para establecer un orden prioritario de lectura.

Pese a su aparente sencillez, cada uno de estos consejos posee la virtud de introducir una significativa mejora en tu vida. Por consiguiente, si deseas en serio mejorar tu autoestima, no te limites a leerlos, a decir «qué bonito» y a seguir como si nada. Si lo que buscas es algo más que un empujoncito efímero, dedica algo de tu tiempo a reflexionar sobre estas ideas y el modo de aplicarlas a tu vida. Como podrás comprobar, cada sección concluye con una «Idea Clave», que viene a resumir el concepto principal de la misma. Puedes utilizar estas ideas clave como recordatorios o afirmaciones para preparar tu subconsciente para el cambio.

Es posible que algunas de las cosas que leas aquí te desagraden o que no estés de acuerdo con ellas. Si así es, no creas que eres el único, porque a muchos de nosotros nos gustaría ignorar algunos de estos hechos o convencernos de que no son verdad. Hablando desde mi propia experiencia, te confieso que las lecciones más difíciles que he aprendido en la vida han sido aquellas que *no quería* aprender. Por desgracia, no por ello dejaban de ser ciertas, con lo que se repetían una y otra vez hasta que por fin me veía obligado a aceptar lo que tenían que enseñarme.

Antes de terminar, unas palabras de advertencia: te aconsejo que antes de poner en práctica las ideas contenidas en este libro pienses detenidamente en qué medida hacerlo puede afectar a tu vida actual. Hasta la más útil de las herramientas puede acarrear consecuencias funestas si se usa de forma inadecuada o si no se tienen en cuenta sus posibles efectos.

Espero que disfrutes con este libro.

52 cosas
que puedes hacer
para elevar tu
Autoestima

1

Sé indulgente contigo mismo cuando cometas algún error

Evita castigarte a ti mismo por tus errores. No te martirices ni te digas que eres un estúpido. Con eso sólo conseguirás arraigar en ti la creencia de que tus decisiones son siempre incorrectas, lo que hará que te sientas inseguro e *incrementará* la posibilidad de que caigas en nuevos errores.

Si en lugar de eso, te muestras indulgente contigo mismo cuando cometes algún error, no te sentirás presionado, y las posibilidades de que vuelvas a equivocarte se reducirán notablemente. Además, si dejas de atormentarte por aquellas decisiones que no han resultado tan perfectas como esperabas, tendrás la ventaja adicional de mostrarte dispuesto a aprender en qué te has equivocado, para así poder evitar errores similares en lo sucesivo.

Las decisiones erróneas nunca son intencionadas; a nadie se le ocurre escribir en su agenda «Amárgate la vida» como encabezamiento para la página del día siguiente. Cada vez que cometas un error, recuerda que equivocarse es algo completamente normal, que *todo el mundo* mete alguna vez la pata y que para *todos* los errores, incluso para los más graves, existe el perdón.

IDEA CLAVE:

Ser comprensivo conmigo mismo cuando me equivoco me ayuda a evitar errores futuros.

2

Centra tu atención en tus cualidades positivas y tus éxitos

Una ley no escrita reza lo siguiente: aquello en lo que centramos nuestra atención tiende a hacerse más grande. Así, si nos fijamos en las cualidades de una persona, veremos cómo éstas se multiplican. Si por el contrario, nos fijamos en sus defectos, encontraremos un sinfín de ellos. Si te acostumbras a dirigir tu atención hacia tus cualidades y hacia los aspectos más positivos de tu vida, podrás comprobar cómo van ganando cada vez más terreno.

IDEA CLAVE:

Mientras más pienso en algo, más importancia cobra.

3

Aprende a decir «No»

Algunas personas no tienen reparos en tratar de convencerte para que hagas lo que ellos quieren, aun cuando a ti te desagrade o lo encuentres inconveniente. Si accedes a sus peticiones, lo más normal es que luego eso te deje resentido, enfadado y con la impresión de que han abusado de ti.

Las excusas rara vez surten efecto para escapar de tales situaciones, porque los manipuladores suelen ser expertos en contrarrestar hasta el más hábil de los pretextos. La mejor solución resulta ser la más simple; basta con decir: «¡No quiero hacerlo!»

Decir «No» a esa clase de personas no sólo es la mejor solución, sino que además no tendrás por qué darles ninguna razón para hacerlo. Si ellos no tienen ningún tipo de reparos en tratar de hacerte imposiciones, tú tampoco deberás tener ninguno en negarte a ello.

IDEA CLAVE:

A menos que algo se encuentre realmente dentro de mis responsabilidades, no tengo la obligación de realizarlo.

4

Haz caso omiso de las críticas destructivas dirigidas hacia tu persona

Por más empeño que pongamos en que esto no suceda, siempre existirá la posibilidad de que alguien nos critique o haga comentarios negativos acerca de nosotros con la intención de hacer que nos sintamos mal. Individuos así, como dice una vieja canción, «son más dignos de lástima que de reproche».

Esos pobres diablos tratarán de humillarte y de hacer que te sientas abatido, sobre todo si ven que eres un blanco fácil para sus críticas. Lo que realmente persiguen es que entres en su juego para poder ellos sentirse superiores y aliviar así sus propios problemas de autoestima. Si *respondes* a sus críticas enfadándote o agachando la cabeza, habrán conseguido lo que se proponían: que *su* opinión sobre ti prevalezca sobre la tuya propia.

Hasta tanto no te sientas plenamente contento contigo mismo, evita siempre que puedas el contacto con ese tipo de gente. Cuando tengas que habértelas con alguno de ellos, no entres al trapo intentando devolverles la pelota con una respuesta mordaz. Limítate a sonreír y no respondas a sus provocaciones, o bien di algo así como: «no me digas» y sigue con tus asuntos. No consientas que suba momentáneamente su autoestima a costa del empobrecimiento de la tuya.

IDEA CLAVE:

Me niego a sentirme mal sólo
para hacer que otros se sientan mejor.

5

Piensa que los demás son iguales que tú

En nuestro proceso de crecimiento, a muchos de nosotros se nos dijo que debíamos «admirar» a determinadas personas. Se nos inculcó la idea de que había personas a las que por sus conocimientos, títulos, posición social, económica o por cualquier otra distinción, debíamos considerar superiores a nosotros, y por consiguiente, dignas de una atención y una estima especiales.

Es cierto que tales circunstancias pueden hacer que estas personas sean *diferentes* de ti, pero eso no significa en modo alguno que hayan de ser *mejores* que tú. Ese tipo de criterios no son más que distinciones artificiales carentes de valor a la hora de cimentar nuestros conceptos de respeto y honor. Tienen tanto sentido como creer que hay gente que merece un reconocimiento especial por el mero hecho de tener una nariz enorme o los dedos muy largos.

IDEA CLAVE:

Los méritos y las cualidades de los demás no les hacen más valiosos o más dignos de respeto que yo.

6

Mira el lado bueno de tus errores

No estaría nada mal que, al nacer, se nos diera un manual que llevara por título: *Todo lo que necesitas saber para no cometer errores*. Lamentablemente, un libro de esas características todavía no puede adquirirse en las librerías, por lo que no nos queda más remedio que conformarnos con cometer algún que otro error de vez en cuando, incluidos algunos que nos llevarán a sentirnos muy desgraciados. Pero no debemos olvidar, ni aun en nuestros momentos de mayor desaliento, este hecho de vital importancia: en la mayoría de los casos, los errores son esenciales para el aprendizaje.

Correctamente entendidas, tus equivocaciones pueden convertirse para ti en una valiosa fuente de recursos. Cada vez que cometes un error estás eliminando una respuesta o una solución incorrecta y estás dando un paso adelante en la búsqueda de la correcta. Si te permites a ti mismo la libertad de poder equivocarte, te verás recompensado con múltiples mejoras en todas y cada una de tus destrezas, con lo que aumentarán considerablemente tus posibilidades de éxito en todos los aspectos.

IDEA CLAVE:
De sabios es considerar cada error
como una oportunidad para aprender.

7

Reconoce sin reparos tus propios errores

A muchos de nosotros nos cuesta admitir que nos hemos equivocado. Esto pasa porque somos ya lo bastante críticos con nosotros mismos como para querer añadir aún más leña al fuego. En un nivel profundo de nuestro pensamiento, tenemos la sensación de que si logramos convencernos a nosotros mismos y a los demás de que siempre tenemos razón, podremos evitar ese sentimiento de «ineptitud» que suele aparecer cuando nos equivocamos.

Sin embargo, no tienes motivos para sentirte así; por tanto, cuando te equivoques, admítelo. *No estás obligado* a tomar siempre la decisión más acertada. La gente no te va a mandar a la luna de una patada por el mero hecho de que alguna que otra vez cometas una pifia. Equivocarte de vez en cuando no hace que seas peor persona, del mismo modo que acertar siempre tampoco hará de ti mejor.

El hecho de que cometas errores no significa que seas un inútil, sino simplemente que eres un ser humano. Reconocerlos abiertamente es un signo de madurez y una prueba de que gozamos de una saludable autoestima.

IDEA CLAVE:

Tanto si acierto como si me equivoco,
mi valía es la misma.

8

Acostúmbrate a ser feliz

Tu felicidad depende en gran medida de tu forma de ver las cosas. La felicidad es un estado de ánimo que nace en tu interior, y que por tanto, no depende necesariamente de acontecimientos externos favorables para producirse.

Aunque pueda parecerte increíble, lo cierto es que ¡tu felicidad puede incrementarse con un poco de práctica! Prueba a sentirte feliz deliberadamente durante cinco minutos al día. No trates de sentirte feliz *por algo en concreto*; limítate tan sólo a sentirte feliz.

Para lograr acceder a ese estado, recuerda cómo te sentiste uno de los días más felices de tu vida e intenta reproducir ese sentimiento en el momento presente. Practicando con regularidad este ejercicio comprobarás que *es posible* sentirse feliz a voluntad y notarás día a día cómo tus momentos de felicidad van en aumento.

La felicidad, al igual que sucede con la autoestima, es algo que depende de nosotros mismos. Aunque los demás puedan influir en determinadas ocasiones sobre ella, en última instancia, de ti depende ser feliz.

IDEA CLAVE:

Mi estado de ánimo depende de mí.

9

Deja de insultarte a ti mismo

Cuando hables contigo mismo para tus adentros, hazlo de forma positiva. Si adviertes que, por un motivo u otro, te estás dejando arrastrar por la autocrítica, reacciona contra esa tendencia. Como cualquier hijo de vecino, a menudo distarás mucho de alcanzar la perfección, pero, ¿merece la pena realmente amargarse por eso?

Borra expresiones tales como: *soy un inútil*, *si seré imbécil*, *estoy atontado* o *soy un perfecto idiota* de tus pensamientos y de tu lenguaje. Cuando estés llevando a cabo ese proceso de limpieza verbal, no te olvides de deshacerte de otros términos peyorativos que tengas por costumbre aplicarte a ti mismo, como: *gordo*, *manazas* o *feo*.

Con insultarte a ti mismo sólo consigues resaltar aquellos defectos que *supuestamente* tienes, en detrimento de las cualidades que *efectivamente* posees. Por desgracia, el mundo cuenta ya con suficientes voluntarios dispuestos a criticarnos con razón o sin ella, como para que queramos encima sumar nuestra voz a su coro.

IDEA CLAVE:

El respeto bien entendido comienza por uno mismo.

10

Trabaja en algo que te guste

Trabajar en algo que nos desagrade puede llegar a convertirse en un castigo. Si no estás contento con tu trabajo, lo más normal es que te cueste un mundo levantarte de la cama y que te resulte aún más duro tener que afrontar esa carga durante todo el día. En vez de disfrutar con lo que haces, tratas de apartar tu trabajo de tu mente e intentas sobrellevarlo pensando en las próximas vacaciones, los fines de semana o la paga del mes.

¿Qué sentido tiene continuar en esta situación sin salida? Si no te gusta tu trabajo, búscate otro diferente; no hay razón para malgastar tu vida en una actividad que te resulte desagradable. Tal vez no puedas permitirte dar un giro inmediato a tu carrera profesional debido a tus cargas familiares o a cuestiones económicas, pero nada te impide comenzar a hacer planes de futuro desde hoy mismo.

¿Por dónde empezar? Lo primero es decidirse, y luego, realizar las gestiones necesarias para que el cambio pueda discurrir por los cauces adecuados. Fíjate unas metas, traza planes realistas para ir consiguiendo objetivos parciales paso a paso y comienza a ponerlos en práctica.

Cuando amas tu trabajo, todo el mundo sale ganando. Tú disfrutas con lo que haces, eres más feliz y haces la vida más agradable a quienes te rodean, y a su vez, tus clientes reciben un producto o servicio de calidad y hecho con amor.

IDEA CLAVE:

Me merezco un trabajo que me proporcione placer.

11

No te preocupes nunca por el tipo de impresión que puedas causar en los demás

Recuerda esto: cada vez que te preocupe lo que la gente pueda estar pensando de ti, piensa que probablemente esas personas estarán igual de preocupadas por lo que tú puedas pensar de ellas.

IDEA CLAVE:

Si la impresión que causo en los demás
me parece importante, seguramente deje
una mejor si me relajo y me olvido de ello.

12

Mejora tu concepto acerca de lo que mereces

¿Estás contento con tu calidad de vida?, ¿con tu trabajo, tus relaciones y tu vida familiar? Si no es así, y te gustaría cambiar alguna cosa, tú puedes hacerlo.

En la mayoría de los casos, si estamos donde estamos no es por casualidad. Nuestro nivel de autoestima nos conduce a un determinado tipo de relaciones y situaciones que, de modo inconsciente, pensamos que *nos merecemos*, y que pueden diferir notablemente de lo que *deseamos* conscientemente.

Ésta es la principal razón por la cual las personas que poseen un saludable concepto de sí mismas esperan, y suelen recibir, el respeto, la colaboración y la amistad de los demás. Y de ahí que la gente con un bajo nivel de autoestima suela verse envuelta en situaciones incómodas, desagradables e incluso sufrir abusos por parte de los demás.

Así las cosas, ¿qué puedes hacer para dar un giro positivo a tu vida?: Consolidar o incrementar tu autoestima. Con esto, lograrás ampliar tu concepto de felicidad. Cuando estés plenamente convencido de que mereces un grado mayor de felicidad, harás todo lo lícitamente necesario para alcanzarlo.

IDEA CLAVE:

Mi valía como ser humano me da derecho a disfrutar de lo mejor que la vida pueda ofrecerme.

13

Acéptate tal como eres

Más de uno tenemos la fea costumbre de jugar a «¿qué pasaría *si...?*» con nosotros mismos. Pensamos y decimos cosas como: «sería mejor persona si dejara de hacer esto o si me pusiera a hacer aquello» o «se me tendría más en cuenta si tuviera tal cosa o si pudiera hacer tal otra». Todas estas frases que comienzan con un «si...» nos impiden sentirnos bien con nosotros mismos *aquí y ahora* y posponen indefinidamente nuestra autoaceptación, consiguiendo así que nos sintamos permanentemente como unos inútiles.

El hecho es que no necesitas cambiar nada para encontrarte bien contigo mismo porque ya eres perfectamente válido tal como eres. Sean cuales sean tus características personales, seguro que has sido y seguirás siendo siempre una persona totalmente válida en todos los aspectos.

En honor a la verdad, lo que deberías decirte a ti mismo es: «Como todo ser humano, me hallo en continua evolución. Actúo posiblemente de la mejor forma que puedo en este momento, y cuando esté capacitado para hacerlo mejor, lo haré».

IDEA CLAVE:

Soy perfectamente útil y aceptable tal como soy.

14

Recobra tu libertad

Muchos de nosotros, en nuestra fase de crecimiento, nos forjamos una idea exagerada de la importancia de la opinión ajena. Nuestros padres y otras personas que podían ejercer su autoridad sobre nosotros solían decirnos cosas como: «¿qué dirá la gente?» o «¿qué pensará la gente?». Esto nos indujo a conceder una especial relevancia a lo que los demás pudieran pensar de nosotros.

¿En qué medida puede afectarnos esto? Si le damos demasiada importancia a lo que la gente piense de nosotros, nuestra vida girará en torno a ellos, en vez de girar en torno a nosotros mismos. Hacemos lo que ellos quieren, no lo que nosotros queremos. Actuamos así para ganar la aprobación de los demás, no porque nos guste hacerlo. Mientras más importancia le concedamos a la opinión ajena, menos libertad tendremos para hacer, decir e incluso *pensar* lo que nos parezca. Y lo que es peor, la sobrevaloración de la opinión de los demás puede llevar a considerarnos a nosotros mismos «personas de segunda clase» con respecto a ellos.

IDEA CLAVE:

Cuanta más importancia le dé a la opinión ajena,
menos libertad me quedará para vivir a mi manera.

15

Reserva un tiempo para ti mismo todos los días

Concierta una cita a diario contigo mismo. Dedica al menos media hora de tu tiempo al puro placer de hacer algo que realmente te guste. No tiene por qué tratarse de algo espectacular o costoso. Puede ser algo tan simple como leer un capítulo de una novela, escribir poemas, comer tu plato preferido o quedarte tranquilamente sentado sin hacer nada. Elijas lo que elijas, asegúrate de que sea algo que te proporcione placer o satisfacción personal.

Tendemos con suma facilidad a descuidar nuestra propia vida cuando nos vemos desbordados por las exigencias de nuestro trabajo, nuestra familia o nuestras amistades. Si te reservas diariamente un poco de tiempo para ti mismo, esto te ayudará a recordar que tú, tus necesidades y tus deseos son tan importantes como los de cualquier otra persona.

IDEA CLAVE:
Merezco disfrutar de un tiempo
para mí mismo todos los días.

16

Pregúntate por qué la gente te dice que les has hecho daño

A veces algunas personas se forman una idea equivocada acerca de tu comportamiento, y si tú no actúas como ellas creen que deberías, te hacen saber que has herido sus sentimientos. Entonces te acusan de no tener consideración ni miramientos o de obrar con mala fe.

La gente que exhibe este tipo de conducta sabe que si les sigues el juego, ellos tendrán a su disposición un bate de béisbol emocional con el que podrán golpearte cada vez que les parezca que te estás pasando de la raya. Haciéndose pasar por víctimas, en realidad lo que intentan es convertirte a ti en una. Su objetivo es conseguir que te sientas tan incómodo que te veas obligado a cambiar tu orden de prioridades y a hacer lo que ellos desean. Si agachas la cabeza y les pides perdón por haber hecho lo que tú creías correcto, habrán ganado la partida, lo que significa que en adelante, tu vida se parecerá más a lo que a ellos se les antoje que sea.

¿Tiene alguien derecho a esperar que te comportes de una forma diferente a la que tú creas más oportuna? A menos que te hayas puesto de acuerdo sobre este punto con los demás o que les hayas inducido a creer que tienen la potestad de controlar tu comportamiento, la respuesta es un rotundo NO. Lo único que podrían exigirle los demás a tu conducta es que mostraras una actitud afable, educada y no agresiva. Aparte de eso, no hay motivo para que ignores tus preferencias por el mero hecho de agradar a otras personas.

IDEA CLAVE:

Cuando se trata de mí mismo,
mi forma de ver las cosas es lo más importante.

17

Esfuérzate por conseguir lo que quieres

¿Sueles elaborar planes detallados de futuro y luego te sientes deprimido y decepcionado cuando finalmente no se cumplen como esperabas? Si esto te sucede a menudo, es posible que estés pasando por alto un elemento esencial a la hora de hacer planes.

Tener sueños y pensar en el futuro está muy bien, pero rara vez se logra algo simplemente por el hecho de desearlo. Mal que nos pese, suele hacer falta algo más que deseos y esperanza para convertir nuestros sueños en realidad. Si pretendes en serio alcanzar una determinada meta, tendrás muchas más probabilidades de éxito si estás dispuesto a invertir una buena dosis de tu energía personal en conseguir lo que te propones.

IDEA CLAVE:
Si de veras deseo algo, lo más probable es que tenga que ganármelo a pulso.

18

Antepón tu opinión sobre ti mismo a la de los demás

Por lo general, tendemos a sobrevalorar la opinión que los demás tienen de nosotros y a tomarnos a pecho sus críticas. Parece como si creyéramos que sus afirmaciones acerca de nuestro carácter, nuestro modo de actuar o nuestra personalidad fueran muy certeras y tan importantes o más como nuestro propio concepto. Pero, ¿es posible que se acerque tanto a la verdad la opinión ajena?

Si partimos de la base de que la gente juzga tu modo de actuar en función de su propio sistema de valores, que no concuerda con el tuyo, es más probable que sus ideas sobre ti sean erróneas que correctas. Habida cuenta del limitado conocimiento que los demás poseen de tu formación y de tus vivencias personales, ¿hasta qué punto pueden comprender por qué eres como eres y actúas del modo que lo haces? Lo más que pueden hacer es juzgarte por el rasero con que se juzgarían a sí mismos en similares circunstancias.

Debe quedarte claro que, en la mayoría de los casos, las ideas que los demás se hagan de ti serán inexactas o incompletas. A menos que los sentimientos de esas personas hacia ti revistan una especial trascendencia para tu bienestar o tu vida, no tienes por qué prestarles demasiada atención.

IDEA CLAVE:

Me siento mejor conmigo mismo si no hago caso de la opinión que los demás tienen de mí.

19

Sé positivo al cien por cien un día a la semana

¿Tienes por costumbre compadecerte de ti mismo cuando las cosas no salen como a ti te gustaría? Y si así es, ¿qué has ganado con ello?

A veces, quejarse y lamentarse puede parecer justificado, pero lo cierto es que con ello sólo se consigue agravar la situación. Si en vez de poner de tu parte para solucionar las cosas, te dedicas a compadecerte de ti mismo, lo único que lograrás es deprimirte y reforzar tu condición de víctima («¿Por qué me tienen que pasar a mí siempre estas cosas?»).

Elige un día de la semana para hacer frente a ese hábito. Ese día, ocurra lo que ocurra, no te quejes ni critiques nada. Cuando notes que se te viene a la mente un pensamiento negativo, en vez de regodearte en él, desconecta de inmediato y ponte a pensar en algo agradable.

Lograrlo te llevará algo de práctica, y si eres un quejica empedernido, quizá te sea mejor empezar con un período de tiempo inferior a un día. Pero una vez que hayas aprendido a dejar de lado los pensamientos negativos aunque sólo sea por poco tiempo, te sorprenderá comprobar lo bella y agradable que se vuelve tu vida.

IDEA CLAVE:
Soy más feliz cuando evito
los pensamientos negativos.

20

Sé comprensivo cuando los demás actúen de forma distinta a ti

Por regla general, damos por sentado que los demás actuarán más o menos del mismo modo que nosotros lo haríamos de estar en su lugar. Cuando no lo hacen, nos enfadamos, nos sentimos decepcionados o intranquilos. Pero, a menos que conozcas extremadamente bien a la otra persona, tienes tantas probabilidades de equivocarte como de acertar si tratas de predecir lo que va a hacer. Del mismo modo que tu conducta viene determinada por una combinación única de tu herencia, tu formación y tus vivencias, así sucede con la de los demás. El carácter único de cada individuo es precisamente lo que hace que sus actos te resulten a veces tan incomprensibles como a ellos los tuyos.

IDEA CLAVE:

La gente tiene sus propias razones para comportarse de modo distinto a mí.

21

Flexibiliza tu grado de «perfección» según las circunstancias

Los perfeccionistas rara vez son personas felices. Se obligan a sí mismos a realizar una gran cantidad de trabajo extra porque piensan que si delegan en otros alguna tarea, éstos no lo harán tan bien como ellos. Les cuesta mucho tomar decisiones. Como continuamente andan buscando fallos para intentar evitarlos o subsanarlos, siempre acaban por encontrarlos. Y lo que es aún peor: equiparan su destreza para hacer las cosas con su valía como personas, lo que implica que en contadas ocasiones piensan de sí mismos que son seres humanos de primer orden.

Cada tarea requiere un grado de perfección determinado. Por poner un ejemplo, para realizar una intervención quirúrgica cerebral se precisa, como es lógico, un nivel mayor de perfección que para cortar el césped. El quid de la cuestión está en decidir *de antemano* y de forma precisa qué grado de perfección es el adecuado para cada tarea. Una vez que hayas determinado de manera objetiva lo bien que debe hacerse algo, podrás dedicarle la atención que realmente se merece.

En lo que respecta a tus sentimientos hacia ti mismo, tu objetivo debería ser no tanto hacer las cosas perfectamente como darte cuenta de que no estás obligado a ser perfecto.

IDEA CLAVE:

Establecer grados de exigencia realistas para mí mismo siempre es una opción inteligente.

22

No te compares con nadie

Evita compararte con otras personas. Las comparaciones te llevarán a sentirte infeliz o bien a crear en ti una falsa sensación de superioridad. En ambos casos, lo único que se consigue es impedir que desarrolles una imagen realista de ti mismo.

Cuando te comparas con otras personas, lo normal es que pienses que hay personas superiores a ti y otras inferiores. Partiendo de ese principio, te sentirás mal porque no eres tan bueno como los del primer grupo, pero a su vez te consolará pensar que eres mejor que los del segundo. Como esto no te dejará satisfecho y al final seguirás pensando que eres un desastre, más te valdría dejarte de comparaciones y sentirte mal directamente, sin necesidad de recurrir a tantas monsergas.

En realidad, este tipo de comparaciones nunca tiene sentido ni conduce a ninguna parte porque tú, al igual que cualquier otro ser humano del planeta, eres único, con tus propias fortalezas y debilidades, con tus talentos y tus destrezas individuales. Tu herencia genética, tu formación, tus vivencias y tu intelecto se combinan para hacer de ti una persona distinta a todas las demás. Esto en sí no es bueno ni malo, sino simplemente un hecho.

IDEA CLAVE:

Soy un ser único, y por tanto,
no tiene sentido que me compare con ningún otro.

23

Convéncete de que no es malo ser diferente

A veces nos encontramos con gente que trata de hacernos creer que no somos valiosos como personas. Como en algunos aspectos diferimos de ellos, nos miran por encima del hombro. Estas «importantes» diferencias pueden residir en nuestra forma de vestir o de comportarnos, en nuestras creencias, nuestra religión, raza, extracción social, sexo, tendencias sexuales, herencia genética, posición económica u otros cientos de *marcas de inferioridad*.

¿Por qué algunas personas se prestan a participar en esta patética farsa? Porque si logran convencerse a sí mismos de que están por encima de determinadas personas, se crean la falsa ilusión de que su valor como seres humanos es mayor. Para elevar su imagen de sí mismos necesitan crear categorías de personas supuestamente inferiores. Esto viene a tener tanto sentido como si Saturno decidiera que es un planeta más valioso que Marte por el mero hecho de poseer anillos.

Por más que algunas personas se empeñen en convencerte de lo contrario, no existen pautas para determinar el valor de las personas, tan sólo juicios discriminatorios arbitrarios emitidos por gente insegura. El valor de la dignidad humana no es una mercancía que pueda medirse por metros o al peso, se trata de algo que recibimos al nacer y que permanece con nosotros hasta que morimos.

Cada vez que te encuentres ante alguien que trata de parecer mejor a costa de hacer que tú parezcas peor que él, recuerda esto: nadie puede hacer que te sientas inferior sin tu consentimiento.

IDEA CLAVE:

Nada de mí me hace mejor o peor que cualquier otro.

24

Evita hacerte daño sin necesidad

Hay un chiste bastante malo que puede ilustrarnos de manera significativa sobre cómo funcionan nuestras emociones negativas. Según el chiste, un hombre estaba viendo cómo un niño estaba dándose una y otra vez martillazos en un dedo. Finalmente, vencido por la curiosidad, el hombre se acercó al niño y le preguntó: *¿Por qué sigues machacándote así el dedo? ¿Es que no te duele?* A lo que el niño respondió: *Claro que me duele, pero ¡no veas lo a gusto que me siento cada vez que paro!*

Dejando a un lado la gracia más que discutible de este chiste, podemos extraer una importante conclusión del mismo: al igual que el niño se hacía daño golpeándose con el martillo, nosotros nos causamos dolor con nuestras propias emociones.

Es probable que pensemos que nuestras respuestas emocionales son poco menos que automáticas: tiene lugar un hecho y éste hace que reaccionemos de la manera que lo hacemos. Pero no es así como sucede en realidad: las emociones son algo que depende lisa y llanamente de nosotros mismos. Cuando algo pasa, eres *tú* quien decide que se trata de un hecho deplorable y *tú mismo* te azotas con el látigo del dolor emocional.

Si eres incapaz de reconocer que los sentimientos de dolor parten de ti mismo, los achacarás a circunstancias externas y pensarás que el destino se ha cebado en ti, con lo que no pondrás de tu parte para remediar la situación. En cambio, si admites que eres responsable de tus estados de ánimo, obtendrás un increíble poder. No sólo dejarás de optar por soluciones que no conducen a ninguna parte, sino también descubrirás que no necesitas escudarte en acontecimientos externos para justificar tus estados de ánimo.

IDEA CLAVE:

Puedo ahorrarme mucho sufrimiento
si dejo de hacerme daño a mí mismo.

25

No cambies tu forma de ser para agradar más a la gente

A veces, por razones que desconocemos, algunas personas nos dan a entender claramente que no les caemos simpáticos. Cuando esto sucede, solemos pensar que es por culpa nuestra y nos preguntamos qué es lo que estamos haciendo mal y qué podríamos hacer para arreglar la situación.

Lo que en realidad deberíamos preguntarnos es: «¿por qué tengo que dar por sentado de antemano que es *mi* obligación cambiar cuando no le caigo bien a alguien?». La solución del problema no estriba en cambiar tu modo de ser para ganar el aprecio de la gente, sino en comprender que no es posible ni necesario agradar a todo el mundo.

IDEA CLAVE:
No necesito cambiar para lograr que la gente me aprecie.

26

Deja de identificarte con tus acciones

Tú no *eres* lo que *haces*. Haber hecho algunas cosas mal no te convierte en una mala persona, sino sólo en alguien que, de vez en cuando, ha tomado decisiones equivocadas.

Esto trae a colación los motivos que nos impulsan a actuar: ¿Por qué nos comportamos como lo hacemos? A veces obramos de un modo impulsivo, sin pararnos a pensar en las consecuencias de nuestros actos. Otras veces no tenemos claros nuestros motivos y actuamos sin saber o sin comprender muy bien por qué. Por supuesto, muchas decisiones que a toro pasado se demuestran equivocadas, no lo parecían en el momento de tomarlas: parecían lo mejor que se podía hacer entonces y sólo con posterioridad se descubre que no era así.

Ten siempre presente esto: tus actos no tienen relación alguna con tu valía o tu mérito como persona; lo que haces no se identifica con lo que eres. Del mismo modo que el hecho de no cometer errores no hace de ti una mejor persona, tampoco eres peor persona por cometerlos.

IDEA CLAVE:

Aunque a veces haya actuado de manera imprudente, mi valía como persona sigue siendo la misma.

27

Valora las innumerables decisiones correctas que tomas

En vez de dejarte abrumar por el peso de tus errores, piensa en la gran cantidad de decisiones *correctas* que has tomado a lo largo de tu vida. Felicítate a ti mismo por tus éxitos logrados en el pasado y resalta aquellas decisiones que adoptaste con buen criterio.

Desde el punto de vista práctico, y aunque pueda parecer exagerado, por el mero hecho de seguir vivo de un día para otro estás obligado a ejercer tu criterio miles de veces. Con todas esas oportunidades para equivocarte, no sería razonable esperar que *todas* tus elecciones fueran perfectas.

Ten la seguridad de que aciertas en muchas más ocasiones de las que te equivocas. Comparados con la infinidad de decisiones correctas y enriquecedoras para tu vida que tomas a diario, tus errores representan un porcentaje ínfimo.

IDEA CLAVE:

Tomo muchas más decisiones buenas que malas.

28

Busca tu propia aprobación, no la de los demás

Si crees que es muy importante que los demás tengan una buena opinión de ti, es posible que estés, como reza una conocida canción americana, «buscando la aprobación en el lugar equivocado».

Cuando concedes un valor excesivo a la opinión que los demás tienen de ti, les estás brindando la oportunidad de influir sobre tus sentimientos hacia ti mismo. Si para sentirte bien necesitas contar con la aprobación de otras personas, te sentirás mal cada vez que te la nieguen; el hecho de desear fervientemente el elogio de los demás conlleva automáticamente que seas vulnerable a sus críticas.

Por supuesto, es importante que los demás piensen bien de ti cuando se trata de una cuestión de supervivencia, pero convertir la opinión ajena en una necesidad para sentirte bien contigo mismo carece de todo sentido. Evitarás un considerable deterioro emocional si te convences plenamente de que la única aprobación que *debes* lograr es la tuya propia.

IDEA CLAVE:

La aprobación que realmente necesito he de buscarla en mi interior, no en los demás.

29

Mira por tu salud

¿Qué puedes hacer para velar por tu salud? Literalmente, cientos de cosas. Hay una infinidad de libros divulgativos sobre salud y alimentación sana, libros que te pueden ayudar a identificar, corregir y prevenir numerosas enfermedades y prácticas poco saludables. Existen también innumerables cursos, vídeos y películas que te enseñan a desarrollar y a mantener un estado de salud óptimo. Y sobre todo, no pases por alto los principios básicos de salud, como dejar de fumar, llevar una dieta equilibrada, dormir lo suficiente y hacer ejercicio con regularidad.

He aquí cuatro buenas razones por las que deberías considerar que tu salud es algo que te atañe fundamentalmente a ti: *En primer lugar*, porque los profesionales de la medicina dedican la mayor parte de su tiempo a intentar remediar el daño que nos causamos a nosotros mismos, con lo que apenas les queda tiempo para informarnos del modo de evitar problemas de salud. *En segundo lugar*, porque el primer interesado en que goces de buena salud siempre serás tú. *En tercer lugar*, porque eres el único que puede realizar un seguimiento constante de tu salud y estar al tanto de todos y cada uno de los detalles de tu vida que puedan afectar a tu bienestar físico. Y *por último*, porque si participas activamente en mantener un buen estado de salud, estarás adquiriendo automáticamente un mayor control sobre tu vida, y con ello, estarás incrementando tu autoestima.

IDEA CLAVE:

Mi salud es ante todo responsabilidad mía.

30

Recibe las críticas con un sonrisa

Pocas cosas son tan reveladoras del estado de nuestra autoestima como la forma en que reaccionamos ante las críticas de los demás. Cuando no estamos lo suficientemente contentos con nosotros mismos, interpretamos las apreciaciones negativas de los demás como ataques personales, como si se nos estuviera desaprobando como seres humanos.

Cuando alguien te critique, recuerda estos hechos:

1) Las críticas pueden servirte para aprender, y en caso de que *estuvieras* haciendo algo mal, eres el primer interesado en saberlo.
2) El hecho de que alguien critique algo de lo que *haces* no significa que se te esté enjuiciando como persona.
3) Aun cuando alguien te hiciera comentarios negativos con el ánimo de atacarte personalmente, ¿por qué tendrías tú que caer voluntariamente en su trampa?

IDEA CLAVE:

Siempre me resultará más ventajoso aceptar las críticas con una actitud abierta y relajada.

31

Haz lo que tú pienses y toma tus propias decisiones

Vayas donde vayas, siempre encontrarás a gente dispuesta a darte consejos o a pensar por ti. Aunque sus propias vidas sean un completo fracaso, algunos individuos se creen cualificados para decirte lo que tienes que hacer con la tuya. Pero aun cuando la vida de estos aspirantes a consejeros estuviera marcada por el éxito y la felicidad, existen razones de peso que demuestran que no es una buena idea dejarles que tomen decisiones por ti.

Si tenemos en cuenta que nadie puede estar tan al corriente de las particularidades de tu vida como tú, es más que probable que las soluciones que te aporten otras personas no satisfagan tus necesidades en la misma medida en que lo harían tus propias decisiones. En segundo lugar, cuando otros toman decisiones por ti, los asuntos suelen seguir el rumbo que ellos quieran marcarles, que en algunos casos será por completo diferente al que *a ti* te gustaría. Además de todo lo anterior, la última y la más importante de las razones es que si dejas que los demás tomen decisiones por ti, nunca aprenderás a tomarlas por ti mismo.

Huelga decir que no hay nada malo en escuchar los consejos ajenos, pero has de tener claro que eres *tú* quien en última instancia deberás asumir las consecuencias de tus actos, sea quien sea la persona que te haya sugerido que actúes así. Aunque tus decisiones no sean siempre perfectas, más vale cometer errores y aprender de ellos que tener que actuar siempre según lo que te dicten los demás.

IDEA CLAVE:

Tomar mis propias decisiones me reportará grandes ventajas.

32

Acepta con agrado los elogios

No es la modestia lo que hace que nos sintamos incómodos cuando alguien nos dirige algún cumplido, sino la inseguridad. Si te sientes violento cuando recibes algún elogio es porque en el fondo no crees merecértelo.

En nuestra niñez, a la mayoría de nosotros se nos enseñó que no estaba bien echarse flores a uno mismo, y que a la gente que lo hacía se les tildaba de engreídos o vanidosos. A resultas de esto, tendemos a rehuir los comentarios favorables que los demás puedan hacer sobre nosotros. Pero a estas alturas de nuestra vida, ya va siendo hora de cambiar los viejos esquemas de nuestra educación infantil.

No hay nada malo en reconocer que se ha hecho un buen trabajo. No obstante, cuando la gente te felicite por haber hecho algo bien, tampoco es cuestión de decirles: «¿Verdad que he estado genial?». Limítate a aceptar sus elogios con agrado. No trates tampoco de restarle mérito a tus capacidades o a tu pericia diciendo cosas por el estilo de: «Bueno, no es para tanto» o «No lo he hecho tan bien como debería». Discrepar del parecer de quienes te hacen un cumplido viene a ser casi como decirles que son tontos o que sus apreciaciones carecen de valor.

La próxima vez que alguien ensalce de manera desinteresada alguno de tus logros, sé generoso a tu vez con él y acéptalo sinceramente diciendo «gracias». Lo más probable es que te lo merezcas.

IDEA CLAVE:

Cuando se ha hecho un buen trabajo, no hay nada malo en admitirlo.

33

Sé más flexible

A menudo pensamos que la vida sería mucho más fácil y agradable si la gente cambiara un poco su forma de actuar y se acercara más a nuestro modo de ver las cosas. Pero por mucho que nos empeñemos en rogarles, quejarnos o incluso hacer uso de métodos expeditivos para que así sea, la mayoría de la gente se niega de plano a cambiar sólo porque nosotros lo deseemos. Y aquellos que ceden y cambian, rara vez lo hacen por mucho tiempo a menos que reciban alguna compensación nuestra a cambio.

A la larga, acabamos por llegar a la sabia conclusión de que la mayor parte de nuestros problemas con la gente no se solucionarán hasta que no dejemos de pensar que se trata en realidad de problemas. De este modo aprendemos una de las incuestionables verdades de la vida: que en vez de perder el tiempo intentando forzar a los demás para que hagan lo que queremos que hagan, suele ser más rápido, más realista y más útil a largo plazo flexibilizar nuestra actitud hacia ellos.

IDEA CLAVE:

Puedo borrar de mi vida un buen
número de problemas menores
simplemente con cambiar mi actitud hacia ellos.

34

Valora tus ideas

En condiciones normales, a menos que estés en peligro, di lo que *en realidad* piensas, no lo que crees que los otros quieren escuchar de ti. No quiere decirse con esto que tengas carta blanca para ser desconsiderado o grosero con los demás cada vez que se te antoje, sino que tu opinión tiene al menos tanta validez como la de cualquier otro.

Da igual que los demás estén de acuerdo contigo o no. Aunque tus ideas sean diferentes o incluso contrarias a las de la mayoría de la gente, eso no les resta importancia ni te quita a ti el derecho de darlas a conocer.

La próxima vez que te sientas tentado a darle la razón a alguien únicamente por el hecho de agradarle, no lo hagas. Además de hacer que te sientas deshonesto contigo mismo, faltar a *tu* verdad y traicionar tus ideales nunca te granjeará amistades que realmente merezcan la pena. Cuando estés en franco desacuerdo con las opiniones de alguien, *dilo sin reparos.*

IDEA CLAVE:

Mis ideas son tan importantes como las de cualquiera.

35

Aprende a hacer algo que hasta ahora alguien estuviera haciendo por ti

Añade una nueva destreza a tu lista de habilidades. No tiene por qué ser un proyecto de envergadura, como remodelar una casa. Puede tratarse de algo tan simple como aprender a cambiar una rueda pinchada, hacerte tú mismo la manicura, llevar un libro de contabilidad doméstica o hacerte unos huevos revueltos.

El objetivo no consiste en ahorrar dinero —aunque hay que reconocer que eso puede ser un incentivo para muchos de nosotros—, sino ganar confianza en nosotros mismos. Una vez que hayas adquirido esa nueva habilidad, si la ocasión se presenta y no tienes a mano a ningún experto que haga el trabajo por ti, puedes ponerla en práctica tú mismo y evitarás así sentirte a merced de otras personas.

Los conocimientos adquiridos a través de la experiencia práctica proporcionarán una rica fuente de estímulos para tus sentimientos de aptitud y capacitación personal. Y lo que es igual de importante, contribuirán de modo directo a hacer que sientas que llevas las riendas de tu propia vida.

IDEA CLAVE:

Cuantas más cosas aprendo a hacer
por mí mismo, más control adquiero sobre mi vida.

36

No te tomes en serio ningún tipo de competición

Suele afirmarse erróneamente que la competición imprime carácter y confianza en uno mismo, cuando lo cierto es que suele deteriorar ambos aspectos de la personalidad. Lo que en realidad consigue ganar la mayoría de la gente que compite son sentimientos de inferioridad y pérdida de autoestima.

¿Cómo podría ser de otro modo, teniendo en cuenta que lo propio de una competición es que haya más perdedores que ganadores? Y cualquier actividad que traiga como consecuencia el que la mayoría de nosotros nos sintamos inferiores a otras personas sólo puede ser calificada de altamente perjudicial.

El peligro real de competir estriba en que muchos de nosotros relacionamos directamente nuestro valor como personas con el hecho de ganar o perder. Si perdemos, lo que suele suceder en la mayoría de los casos, no sólo no nos sentimos bien, sino que podemos llegar a sentirnos francamente mal. Nos colgamos a nosotros mismos la etiqueta de personas de segunda, tercera o cuarta categoría, y por si no bastara con eso, nos creemos unos fracasados.

Salvo que el hecho de ganar te proporcione una recompensa que mejore en gran medida tus condiciones de vida, es mejor abstenerse de competir. Si tienes por costumbre competir y no lo haces por el puro placer de jugar, estás desperdiciando los escasos beneficios que puede reportar la competición.

IDEA CLAVE:

Tanto si gano como si pierdo, mi valía como persona sigue siendo la misma.

37

Participa en la vida política

Toma parte activa en asuntos relacionados con la política. Se trata de un excelente método para dejar de sentirte como una *víctima* y para aumentar tu sensación de control sobre tu vida. He aquí unas cuantas cosas que puedes hacer:

-Telefonea o escribe a tus representantes políticos: cuéntales los asuntos que te preocupan y hazles saber lo que esperas de ellos.

-Habla con los candidatos al gobierno local: pregúntales cuál es su postura en lo referente a los asuntos que más te afectan.

-Afíliate a algún partido o grupo político: desempeña un papel activo en la modificación de leyes y actuaciones políticas con las que estés en desacuerdo.

-Preséntate tú mismo como candidato: si piensas que podrías hacerlo mejor que quienes gobiernan en la actualidad, quizá tengas razón.

-Vota: infórmate acerca de los programas políticos y los candidatos a las próximas elecciones y luego haz valer tu decisión a través de las urnas.

La vida sería mucho más fácil si todos los políticos y gobernantes fueran competentes, honestos y éticos. Como es evidente que no todos lo son, es nuestro deber moral participar en la medida de nuestras posibilidades en los asuntos de gobierno si queremos que se respete nuestra voluntad. Si nos mantenemos al margen del proceso político, puede que una mañana al levantarnos nos encontremos con que algunas de las libertades que dábamos por sentadas nos han sido arrebatadas por decreto.

IDEA CLAVE:

El gobierno me representa mejor si tomo parte activa en él.

38

Piensa que cubrir tus necesidades es lo principal

No intentes convertirte en un mártir. Algunas personas idealistas pueden tratar de convencernos de que hagamos lo posible y lo imposible por lograr que a otras personas no les falte de nada, aun a costa de que nosotros no tengamos lo mínimo imprescindible. Esto puede parecer noble a simple vista, pero escoger el camino del sacrificio propio significa creer que otras personas y sus necesidades son más importantes que las tuyas, lo cual carece de sentido.

Lo mires por donde lo mires, es imposible que nadie sea más importante que tú porque no existe una escala capaz de medir lo que valen las personas. *Todos* somos igual de importantes, del mismo modo que nuestras necesidades son lo primero para cada uno de nosotros.

IDEA CLAVE:

Mis necesidades son tan importantes como las de cualquier otro.

39

Mantén siempre la vista al frente

Los seres humanos somos una especie llena de contradicciones. Primero, les colgamos a determinadas personas la etiqueta de «importantes» por sus bienes materiales, sus títulos, el cargo que ostentan o simplemente por poseer cualquier otra cosa que se salga un tanto de lo común. Y luego, una vez que los hemos elevado a la categoría de Personas Superiores, ¡nos quejamos porque pensamos que nos miran por encima del hombro! Eso tiene tanta lógica como echarse un cubo de agua a la cabeza de uno mismo y luego quejarse de que se está empapado.

La solución al problema es bien simple, porque nadie puede mirarte *de arriba abajo* a menos que tú lo mires *de abajo arriba*. Como eres tú quien les has elevado un pedestal a estas personas para que se sientan por encima de lo que son en realidad, simplemente devúelvelos a su tamaño natural. Date cuenta de que, sea lo que sea lo que les haga *diferentes* a ti, no por ello les hace *mejores*. Despojadas de sus oropeles, las personas a fin de cuentas son sólo eso, personas.

IDEA CLAVE:

No soy ni más ni menos importante que otras personas.

40

Aleja de ti los sentimientos de culpa

La sensación de culpabilidad es una emoción nociva, perjudicial, porque hace destacar tus errores en vez de tus aciertos. Y lo que es aún peor, este doloroso sentimiento puede inducirte al error de dudar del carácter innato de tu dignidad como persona.

La cosa no sería tan grave si pudiéramos sentirnos culpables sólo durante unos pocos minutos y luego seguir con nuestra vida como si nada, pero rara vez es así como sucede. Muy al contrario, muchos de nosotros padecemos *un complejo de culpabilidad crónico* que no nos deja tranquilos ni de día ni de noche.

La culpabilidad es una emoción natural, en el sentido en que hemos nacido con la capacidad de sentirla. Cuando éramos niños, algunas de las personas que podían ejercer su autoridad sobre nosotros se valían de este sentimiento para manipularnos con el fin de que hiciéramos lo que ellos querían. Al favorecer la asociación de los sentimientos de culpa y vergüenza con el comportamiento que a ellos no les parecía correcto, trataban de lograr que nos portásemos siempre como a ellos más les convenía.

Por desgracia, este tipo de aprendizaje trae como consecuencia que a menudo nos sintamos culpables aun sin haber hecho nada malo en sí mismo o intencionadamente. Y a poco que nos paremos a pensar en ello, nos daremos cuenta de que muchas de las cosas que nos hacen sentir culpables tienen su origen únicamente en las preferencias personales y en la propia idiosincrasia de nuestros «maestros de culpabilidad».

¿Nos sirve de algo sentirnos culpables? Cierto es que puede disuadirnos de reiterar cierto tipo de acciones, pero eso es algo que puede enseñarnos también el arrepentimiento sincero, con la ventaja de que no necesitas atormentarte emocionalmente para ello.

En resumidas cuentas, de poco nos sirven nuestros sentimientos de culpa. Además de causarte un grave daño emocional, lo más que conseguirás con ellos será sentirte despreciable. Son razones más que suficientes para que te plantees dejar de sentirte así.

IDEA CLAVE:

La culpabilidad actúa en mi contra, no a mi favor.

41

Convéncete de que tú vales mucho

No caigas en el error de creer que tu valía como persona tiene relación alguna con lo hábil, inteligente o rico que seas. Aunque el trabajo que desempeñes o tus posesiones puedan influir en tu nivel de vida, no tienen nada que ver con tu importancia o tu valor como persona.

No precisas hacer nada especial para adquirir el más alto grado de valor humano: ya es tuyo por el solo hecho de haber venido al mundo. Nada de lo que hagas podrá añadir o sustraer un ápice de tu valor intrínseco como ser humano.

IDEA CLAVE:
Soy valioso porque existo,
no por nada de lo que haga o posea.

42

Perdónate todos tus errores

¿Por qué será que nos tomamos tan, tan a pecho nuestros errores? Porque tenemos la costumbre de echarnos la culpa a nosotros mismos. Tanto es así, que muchos de nosotros solemos reprocharnos cosas que eran imposibles de predecir de antemano e incluso sentirnos culpables por problemas en cuyo origen ni siquiera hemos tenido nada que ver.

Sí, es cierto que cometemos errores, pero ¿y qué? ¿Acaso tiene sentido atormentarse sólo por ser como cualquier otro hijo de vecino? Jamás nadie de nosotros llegó a ser tan sabio como para hacerlo todo impecablemente. Dado que los elementos de juicio de que disponemos para tomar decisiones son siempre limitados, es inevitable cometer errores.

«Quien comprende, perdona», reza la sabiduría popular, y no le falta razón. Cuando alcances a comprender el verdadero motivo por el cual incurres en errores, dejarás de reprochártelos a ti mismo. En lugar de adoptar esa actitud negativa, caerás en la cuenta de que, en función de los conocimientos que posees en un momento dado, *siempre* tomas la decisión que entonces te parece más adecuada. Eso es todo lo que podemos hacer.

IDEA CLAVE:

Es razonable que me perdone todos mis errores porque no he cometido ninguno de ellos adrede.

43

Busca el lado positivo de cualquier hecho

En nuestra fase de crecimiento, desarrollamos ideas definidas acerca de lo que determina que una situación sea buena o mala. Lo curioso del caso es que alguien educado en otra familia o cultura, con creencias y tradiciones diferentes y distintos códigos morales y de conducta, puede interpretar los hechos de una manera diametralmente opuesta a la nuestra.

Esto pone de manifiesto el carácter básicamente neutro de todas las situaciones, es decir, que ninguna es buena ni mala en sí misma. Si determinados acontecimientos nos parecen postivos o negativos es únicamente porque nosotros hemos decidido enjuiciarlos desde ese punto de vista.

Si creemos que cierto tipo de hechos son negativos o desagradables *per se*, recabaremos datos que nos permitan reafirmarnos en esa creencia. De igual modo, si decidimos ver esos mismos hechos desde una óptica positiva o favorable, buscaremos evidencias que nos confirmen que estamos en lo cierto. En ambos casos podremos encontrar «pruebas» de que nuestra creencia es correcta, lo que demuestra que, en la mayoría de los casos, no hallamos sino aquello que andamos buscando.

De ahí se desprende la vital importancia que puede tener para ti buscar nuevas interpretaciones para hechos que en circunstancias normales te causarían aflicción. Si tratas de ver el lado bueno de los mismos, tendrás muchas más posibilidades de disfrutar de los aspectos positivos que traen consigo. No conseguirás con ello que una situación desagradable deje por completo de serlo, pero si reparas en las ventajas que puedes extraer de ella, te resultará mucho más fácil aceptarla.

En lo que a la autoestima se refiere, saber encontrar la parte positiva de todo cuanto te sucede reviste una gran importancia. Al elegir conscientemente resaltar el lado favorable de cada situación, estás eligiendo darle la espalda al papel de víctima y asumir sin más el control de tu vida.

IDEA CLAVE:

Ver el lado bueno de las cosas siempre me beneficia.

44

Olvida tus rencillas con los demás

Cuando ha quedado sin aclarar una disputa o cuando creemos que se nos ha tratado injustamente, tendemos a guardarles rencor a quienes consideramos responsables de ello. Nos empeñamos en pensar que no nos falta razón para estar resentidos.

Pero a la larga, el rencor hace más daño al que lo siente que a ninguna otra persona. Los sentimientos negativos que estás alimentando al mantener una actitud implacable ejercen un efecto perjudicial sobre tu salud y tu temperamento. Y lo que es peor aún, hurgar una y otra vez en las viejas heridas del pasado puede predisponerte para tener aún más experiencias desagradables en tu vida.

Huelga decir que, a menos que te muevan a ello razones prácticas, no tienes por qué mostrarte especialmente amistoso hacia aquellas personas que te han hecho daño. Pero si te niegas en redondo a perdonar y a olvidar, estarás minando tu fuerza y tu flexibilidad, acentuando tus sentimientos de impotencia y arraigando en ti la creencia de que eres una víctima, en vez de alguien que sabe controlar la situación.

IDEA CLAVE:

Guardarles rencor a otras personas
me hace más daño a mí que a ellos.

45

Mejora tu capacidad para solucionar problemas

Cada vez que tengas que enfrentarte a un problema, hazte a ti mismo la siguiente pregunta: ¿En qué momento del pasado, de haber tomado una decisión diferente, me habría ahorrado tener que vérmelas ahora con este problema? Dicho de otro modo, ¿qué otra cosa podías haber hecho entonces para evitar la situación actual?

La finalidad de este ejercicio no es hacer que te sientas culpable, sino abrirte los ojos al hecho de que *posees* la capacidad de prevenir muchas dificultades futuras. Si te remontas a las fuentes de tus problemas descubrirás muchas ocasiones en las que, de haber actuado de un modo distinto, podrías haber evitado muchas situaciones desagradables.

Esta idea puede resultarte difícil de aceptar si estás acostumbrado a achacarles tus males a circunstancias externas. Pero si estás dispuesto a admitir que eres el responsable de muchos de tus problemas, te servirá para poder enfrentarte a menos dificultades en el futuro.

IDEA CLAVE:
Soy la persona más indicada
para resolver mis problemas.

46

Defiende tus derechos

Por si aún no te hubieras dado cuenta, te recuerdo que hay personas que creen saber lo que es mejor para todo el mundo. En su fuero interno, están convencidas de que son más listas que tú o de que su sentido moral es más elevado que el tuyo, y por tanto, de que sus ideas acerca de lo que es bueno para ti son mejores que las tuyas propias.

Podemos encontrar a esta clase de individuos en cualquier sector de actividad. En el caso de que ostenten el poder político o la capacidad legislativa, tratarán de hacer de su labor pública un reflejo de sus propias creencias y principios personales, que pueden diferir enormemente de los tuyos.

A ese tipo de gente le trae sin cuidado que sus ideas te parezcan inconvenientes o desagradables, o hasta qué punto éstas puedan vulnerar tus derechos individuales. Lo único que verdaderamente les importa es llevar a buen puerto sus asuntos personales.

Cegadas por un egocentrismo sin límites, estas personas pasan por alto un hecho de vital importancia: que tú tienes derecho a vivir como te apetezca en tanto no violes el derecho que tienen los demás a hacer lo mismo. Fuera de eso, lo que hagas o dejes de hacer no es asunto de nadie, sólo tuyo.

Resulta obvio decir que quienes creen que tienen derecho a decirte cómo tienes que vivir tu vida se equivocan de todo punto. Tanto como tú te equivocarías si les dejaras salirse con la suya.

IDEA CLAVE:

Tengo derecho a vivir como me parezca, siempre y cuando respete el derecho de los demás a hacer lo mismo.

47

Confía sobre todo en ti mismo

Aunque en más de una ocasión no tendrás más remedio que contar con la ayuda de otras personas, deberías tratar de depender fundamentalmente de ti mismo. Si dejas que la gente haga cosas por ti que tú podrías hacer por ti mismo, no sólo dependerás de ellos, sino que también habrás de conformarte a veces con mucho menos de lo que a ti te gustaría.

Por el contrario, resulta interesante comprobar que el hecho de ganar más independencia conduce a menudo a una notable mejora de tus relaciones, porque te ofrece la libertad de aceptar a las personas por su manera de ser, no por lo que puedan hacer por ti.

IDEA CLAVE:
Es más inteligente depender
de mí mismo que de los demás.

48

Considera lícitos y naturales todos tus pensamientos

Desde pequeños se nos enseñó a tildar de «malos» o «sucios» algunos de nuestros pensamientos, por lo que aún hoy nos provocan rechazo, vergüenza y turbación. Otros tipos de pensamientos hacen que nos sintamos culpables y nos tachemos a nosotros mismos de mezquinos, crueles o sacrílegos por el hecho de pensar así. Para nuestros adentros, nos decimos cosas tales como: *¡Qué asco! ¿Cómo soy capaz de pensar algo así?* En semejantes casos, actuamos como si tuviéramos una doble personalidad, con un Yo Bueno encargado de pararle los pies a nuestro Yo Malo cada vez que éste se pasa de la raya.

Pero la cuestión es que no tienes por qué reprocharte nada de lo que pienses. *Todos* tus pensamientos son lícitos, y si piensas así, es porque tienes motivos suficientes para hacerlo. Tu herencia genética, tu educación, tus vivencias personales y otros muchos factores confluyen para producir las ideas que pueblan tu mente. Ahora bien, el hecho de que tus pensamientos se fundamenten en razones de peso no significa en modo alguno que debas llevarlos siempre a la práctica, porque esto podría traerte más de un problema. Lo que *significa* realmente es que no existe razón alguna para reprocharte a ti mismo ningún tipo de idea, por más *fea* que sea la etiqueta que hayas aprendido a colgarle.

Para ser sinceros, el que más y el que menos tiene, por decirlo de algún modo, un vertedero de basuras en un rincón de su mente. Por desgracia para ellas, muchas personas tratan de renegar de los pensamientos que proceden del suyo. Pero no es algo sensato renegar de algún aspecto de tu vida o de ti mismo, porque con cerrar los ojos ante la evidencia no lograrás que ésta desaparezca.

El proceder más juicioso es reconocer que tus pensamientos *son* tus pensamientos. Luego, una vez que los hayas asumido tranquilamente y sin juzgar si son procedentes o no, expónlos a la esclarecedora luz del día.

IDEA CLAVE:

Acepto todos y cada uno de mis pensamientos como expresiones necesarias y válidas de una parte de mí mismo.

49

Asume la plena responsabilidad de lo que sucede en tu vida

No le eches la culpa a Dios, al destino o a otras personas cuando las cosas no salgan como querías. Tu vida y tus relaciones con los demás mejorarán una barbaridad cuando te des cuenta de que, de un modo o de otro, la mayoría de las cosas que te pasan son producto de tus propias acciones u omisiones.

Esto puede parecerte terrible al principio, pues supone que has de asumir un alto grado de responsabilidad, pero cuando hayas aceptado por completo este hecho, advertirás que el control que adquieres sobre tu vida es mucho mayor de lo que nunca habías imaginado.

IDEA CLAVE:

Al asumir la responsabilidad de mi propia vida adquiero un mayor control sobre ella.

50

Acepta reproches únicamente cuando te los merezcas

Cuando éramos niños, a la mayoría de nosotros se nos dijo que no hiciésemos esto o aquello porque *podíamos* herir los sentimientos de los demás. Como en más de una ocasión pudimos comprobar que algunas personas se sentían molestas cuando decíamos o hacíamos determinadas cosas, asumimos que esa premisa era cierta. Desde entonces venimos pagando las consecuencias de este error.

Es *verdad* que la gente reacciona a veces de forma negativa ante nuestras acciones, pero si lo hacen es por una cuestión de elección o por pura costumbre, no porque se vean forzados a ello. Si nuestros actos tuvieran la facultad intrínseca de amargarle la vida a los demás, podrían amargársela *a todo el mundo*, no sólo a unos cuantos. Y como bien sabes, no siempre sucede así.

A menos que hayas intentado provocar o molestar a propósito a alguien, no tienes por qué aceptar sus reproches por respuesta. Ya de por sí es lo bastante difícil asumir la responsabilidad de nuestros propios estados de ánimo, como para encima tener que soportar la carga añadida de los de otras personas.

IDEA CLAVE:

Los demás son responsables de sus propias emociones en la misma medida que yo lo soy de las mías.

Párate a pensar si estás viviendo realmente tu propia vida

A veces, sin darnos cuenta, nos convertimos en víctimas de lo que otras personas esperan de nosotros, y a consecuencia de esto, perdemos un montón de tiempo haciendo cosas que nos resultan ingratas. Si estamos demasiado enfrascados en nuestras ocupaciones como para reparar en ello, es posible que sigamos adelante ajenos al problema, sin pararnos a cuestionar la situación.

A lo largo del mes que viene, dedica media hora a la semana a reflexionar acerca de tu vida y hazte preguntas sobre ella. ¿Trabajas en lo que lo haces porque te gusta o porque alguien pensó que era lo mejor para ti? ¿Empleas tu tiempo libre en actividades que te divierten o en tareas que te aburren mortalmente? En resumidas cuentas, vivir del modo que lo haces, ¿es idea *tuya* o de otras personas?

Pocos de nosotros tenemos la fortuna de poder dedicar nuestra vida a hacer lo que más nos gusta: cuestiones económicas y otros tipos de obligaciones hacen que nos resulte imposible. Pero si descubres que pasas la mayor parte del día sufriendo las consecuencias de los planes que otros han trazado para ti, sin duda ya es hora de que empieces a vivir algunos sueños de tu propia cosecha.

IDEA CLAVE:

Es importante que viva mi vida a mi manera, no a la que otros me tengan asignada.

52

Piensa y habla bien de los demás

Aunque adoptar una actitud crítica a la hora de pensar y hablar de los demás pueda proporcionarnos unos instantes de diversión o una sensación fugaz de superioridad, es un pasatiempo peligroso. Al igual que quejarse, criticar puede convertirse fácilmente en un hábito, en una desagradable tendencia que te hará perder los amigos y te creará enemigos.

Lo más peligroso de incidir constantemente en los defectos ajenos es que la manía de criticar parece cobrar vida propia. Anda continuamente a la caza de víctimas, y cuando no encuentra a nadie a tiro, apunta el cañón hacia ti mismo. Por tanto, aunque tus críticas se dirijan en primera instancia hacia los demás, acabarás midiéndote a ti mismo por el mismo rasero y a la larga te convertirás en tu peor enemigo.

IDEA CLAVE:
Yo soy el principal beneficiado
si pienso y hablo bien de los demás.

Índice de Epígrafes

Lecturas recomendadas

Arapakis, Maria, *Softpower! How to Speak Up, Set Limits, and Say No Without Losing Your Lover, Your Job, or Your Friends.* New York: Warner books, Inc., 1990.

Ellis, Albert, Ph. D., and Becker, Irving M., Ed. D., *A Guide to Personal Happiness.* North Hollywood, CA: Wilshire Book Company, 1982.

Ellis, Albert, Ph. D., and Harper, Robert A., Ph. D., *A New Guide to Rational Living.* N. Hollywood, CA: Wilshire Book Company, 1975.

Hoff, Benjamin, *The Te of Piglet.* New York: Dutton, 1992.

Hoff, Benjamin, *The Tao of Pooh.* New York: Viking Penguin, Inc., 1982.

Keyes, Ken, Jr., *Handbook to Higher Consciousness,* Fifth Edition. Coos Bay, OR: Center for Living Love, 1975.

Kranzler, Gerald D., *You Can Change How You Feel: A Rational-Emotive Approach.* Eugene, OR: RETC Press, 1974.

Minchinton, Jerry, *Maximun Self-Esteem: The Handbook for Reclaiming Your Sense of Self-Worth.* Vanzant, MO: Arnford House, 1993.

Ming-Dao, Deng, 365 *Tao: Daily Meditations.* San Francisco: Harper Collins San Francisco, 1992.

Seligman, Martin E.P., Ph. D., *Learned Optimism: How to Change Your Mind and Your Life.* New York: Pocket books, 1990.

Seligman, Martin E. P., Ph. D., *What You Can Change and What You Can't: The Complete Guide to Successful Self-Improvement.* New York: Alfred A. Knopf, 1994.

Sills, Judith, Ph. D., *Excess Baggage: Getting Out of Your Own Way.* New York: Viking Penguin, 1993.

Weil, Andrew, M. D., *Natural Health, Natural Medicine: A Comprehensive Manual for Wellness and Self-Care.* Boston, MA: Houghton Mifflin company, 1990.

Acerca del autor

Músico de reconocido prestigio, Jerry Minchinton se dedicó profesionalmente a la interpretación durante varios años, antes de fundar una importante empresa de mensajería. Tras dirigir la compañía durante doce años a lo largo de los cuales experimentó un crecimiento constante, decidió retirarse de su cargo ejecutivo para poder consagrar así más tiempo a su pasión, el estudio de la autoestima.

Su interés por la autoestima nació cuando él y su asociado comercial decidieron que podía servirles de base para una prueba previa de contratación. Cuando se encontraba preparando la prueba, reparó en que sus estudios acerca de la autoestima le proporcionaban una considerable mejora en su propio concepto de sí mismo. Con esto llegó al convencimiento, no sólo de la enorme importancia de poseer una elevada autoestima, sino también de que alcanzarla era mucho más fácil de lo que comúnmente se creía.

Jerry se licenció en Filosofía y Letras en la Universidad de Washington Este y completó su formación con estudios de doctorado en la Universidad del Estado de Florida. Es miembro del Consejo Nacional para la Autoestima y de la Asociación MENSA Americana.

Índice